2월
꽃반지자리

2월, 꽃반지 자리

초판 1쇄 발행 2025년 5월 31일

지은이 김근혜
펴낸이 장길수
펴낸곳 지식과감성#
출판등록 제2012-000081호

교정 정은솔
디자인 강샛별
편집 강샛별
검수 이주희, 정윤솔
마케팅 김윤길

주소 서울시 금천구 벚꽃로298 대륭포스트타워6차 1212호
전화 070-4651-3730~4
팩스 070-4325-7006
이메일 ksbookup@naver.com
홈페이지 www.knsbookup.com

ISBN 979-11-392-2623-2(03810)
값 12,000원

지식과감성#
홈페이지 바로가기

2월, 꽃반지 자리

김근혜 디카 시집

지식과감성#

목차

1부

2월, 꽃반지 자리

2부

배롱꽃 이불

3부

쑥

4부

괜찮아

5부

역易

1부

2월, 꽃반지 자리

2월, 꽃반지 자리

남자 은반지가 눈길을 당긴다
누군가 끼워 줬을 것 같아 매콤한 공복감이 느껴진다
남자 시선 밖으로 둘둘 말리다 오랫동안 엉킨 혀
서툴게 깨금발 하다 접속사만 연발한다
그 남자 가슴이 차다는 걸 아는 나는 잠시
일렁이는 찬 바람에 뜨거운 숨결 내뱉고 싶어졌다
감춰 둔 패가 없어 결빙의 준령 넘다 미끄러진 저
트럭도 오늘은 갇힌 손가락처럼 잠들지 못할까
풍경도 집으로 돌아오느라 글썽거리고

각질

발바닥을 수술대에 눕히고 거친 부분을 피가 나도록 문지른다

벗겨 내도 허연 군더더기 새순이 자꾸만 솟아오른다

쭈그려 앉아 있는 나에게 알전구가 따스하게 비춘다

어쩌면 저 알전구의 몸속에도 생의 각질은 일어날 터

허름한 무릎조차 내주지 못하고 자꾸만 일어나는 마음의 각질

가슴에 연고가 필요한 날이다

고성동 겨울 판화

고성동 삼겹살집 불판 위에서
뒤집으면 금세 돌아누울 것 같은 내 삶이
뒤집어도 뒤집어도 바로 눕지 않는다
들쑤실수록 차갑던 변두리의 기억이 뜨겁게 타오른다

그대는 내 몸에 불덩이를 놓고
심심한 삶이 싱겁다며 굵은소금을 뿌리고 떠났다
흐린 날엔 더욱더 욱신거리며 올라오는 신경통

육질 좋은 삼겹살만 골라 쌈을 싸지만
목구멍 타고 넘어가다 연소하지 못한 그리움 가끔
역류성 식도염을 일으키기도 하는 것을

불에 덴 화상이 화끈거려
나는 질긴 인연의 끈을 자르듯 가위를 든다
고성동 거리는 불판 위에서도 왜 이리 차가우냐?

공황장애

나의 하루는 길고 느리다

불안감이 기습적으로 덮쳐 온다, 사전 협의 없이 불쑥불쑥,
작은 틈새에 나를 가둔다, 알 수 없는 기운이 숨구멍을 틀어막고

삼십 년의 시간이 그의 손에 이끌려 원래의 '나'는 어디론가 사라지고
그의 노예가 되어 살아간다

그를 이해하려 애쓸수록 미궁 속으로 더 깊이 빠져들고
내 안에는 내가 아닌 다른 내가 살고 있는 듯하다

혼돈의 상태에서 내가 의지하고 기댈 수 있는 대상은 '알프람'뿐
그래도 "죽지 않는다"라는 의사의 말이 비틀거리는 나를 가끔 일으켜
세운다

그래서 나의 하루는 길고 느리다

적비悲

피우지 못할 꽃이라서
인연을 뒤로 하고 심연으로 가는
운문사 솔바람 길

행과 행이 옷깃을 여미고
적비 맞으며 칸칸이 피어나는 꽃무릇

풋풋한 여승의 속눈썹 사이로
펄럭이는 메타포 문장

내일은 붉은 비悲가 거꾸로 내린다

발돋움

까치발을 해도 담장 너머가 보이지 않아
단단한 꿈 하나, 기다린다는 거

아직도 돌아오지 않는
그가 떠난 골목을 이제껏
보고 있다

나지막해지는 꿈

多누리 무札

술 마시지 않아도
취하게 하는 달항아리
그녀 허리춤을 무심히 만지는 경매사

경합 벌이던 수집가들
요요한 항아리 앞에서
숨죽이는데 부처님 낯빛이 알몸처럼 발개진다

경매장 분위기, 서로 섞여 같은 듯, 다른 신세계
多누리에서 다 누리고, 손가락 방언 은사 받는
아라비안나이트의 밤

경매사 손에서
낙찰될 듯, 말 듯
낯선 남자 옆에서 선을 넘을 듯, 말 듯
알몸으로 누워 흔들리는 달항아리

삶이란 유찰과 낙찰 사이

독거

빈방, 어색하게 반기는 덜 삭은 공기 속에
밖에서 보았던 어느 노부부의 웃음이
지느러미 달고 내 방으로 헤엄쳐 들어온다
독거의 냄새조차 향기로울 수 있다고
내 심장에 위로를 건네며
허버지게 흐드러진 불두화에
괜한 화풀이를 했다

빌어먹을 독거

마음의 크기

내 마음이 작아서

그땐

당신의 마음 크기를 담지 못했습니다

미더덕

까 봐야 속이 보일까
까도 까도 보이지 않는
속살, 단단히 숨긴 그것
그곳엔 마산 앞바다가 살까

미더덕은 단단한 갑옷을 벗을 준비조차 하지 않는데
성질 급한 내 송곳니 서둘러 미더덕을 깨물고 말았다

그런 나를 비웃듯
입안에서 쏘아 대는 물줄기

흙이 꽃을 내게

흙

귓소리를 읽다

커다란 눈을 단 자전거가
캄캄한 협곡 안을 달린다

저녁 타종 시간이 늦었는지
멈추지 않는 질주

전선 우는 소리, 파도 소리, 매미 소리, 쉼 없이 덜컹거리는 귓속

전입신고조차 하지 않고
뻔뻔하게 입성한 그에게
잠시 쉼터가 돼 주기로 했다

왼쪽으로 누워야 겨우 내려오는 차단기
마다하고 두근거리며
그를 기다리는 날이 생겼다
그가 요동칠 땐 첫사랑이 떠올랐다

아파 보니 알겠다
원치 않아도 오는 것이 있다는 것을

여섯째 발가락의 꿈

발끝에 숨겨진 작은 세계
그곳에서 태어난 여섯째 발가락

누구에게도 관심받지 못한 존재
그래도 몸의 소중한 일부라서 더 연민이 간다

왼발 여섯째 발가락은 온전하지 못하다는 이유로 버림을 받아도,
스스로 상처를 봉합하면서,
누군가에게 버팀목이 되는 꿈을 꾼다
페가수스 성좌에서 산박하꽃으로 피어

내 이용약관을 읽어 본 후

하루에도 몇 번씩, 삶과 죽음의 경계를 넘나든다
죽음의 공포가 나를 휘감을 때
나를 구해 주는 건 알약 몇 알

삶이 고통스러워 신에게 기댄 날이 많았다
그때마다 고흐가 속삭였다
"네가 믿는 신은 날개 없는 보헤미안 나비일 거야"

해마다 쉰일곱째 날이면 일기장을 펼쳐 본다
히말라야 고지에서 그와 만났던 그해엔
알약 없이 깊은 잠을 잤었다

그가 떠나고 없는 지금은 콧대 높은 파리의 에펠탑을 기웃거린다
그러다 꿈을 방해하는 바람 소리에 놀라서 잠이 깬다
내삶에서알약을삼키지않은날이얼마나되는지헤아려본다

내 이용약관을 읽어 본다
"알약을 삼킨 날에만 비로소 온전한 내가 된다"

배롱꽃 이불

햇살이 좋은디도 침대가 추워야
홀로 된 어머닌 갈빗대 꺾어
한여름인데도 군불을 지핀다

뿌려 놓은 씨앗들이 꽃을 피워도
배롱나무는 여전히 춥잖여
자식 들으라는 듯 혼잣말인 듯
축축한 말씀을 하신다

머뭇거리다 사태가 나려는
어머니의 아픈 뒷덜미
가만히 짚어 주는 연분홍 배롱나무 꽃잎 한 장

벚꽃 터널

겨울잠에서 깬 봄이 내 다리 위를 기어가고
감기는 눈, 엉겁결에 뜨는 순간 페달에 올린 봄이 가속한다

배기구에서 퍼지는 뜨거운 열기가 무장 무장하다
눈 뜨고 있어도 캄캄한 터널의 핑크빛 경고

산도를 막 통과한 벚꽃이 어느 지점까지 내려갔는지
실시간으로 중계하는 터널 경고음
밤하늘에서 보던 별을 벚꽃 터널에서 만난다

붉바리

마음 문 닫아걸어도 치고 들어오는 달빛
수만 번 거듭한 뒤에야 몸의 가시들 뭉툭해졌다
세상 밖으로 떠나보내고 나니
껴입고 있던 욕망의 옷 이젠 헐겁다

몸의 가시를 버려야 사는 고기
붉바리

빗장

언제부터였을까

상처받을 영혼이 두려워 빗장을 걸고 살았다

마음 문이 녹스는 줄 모르고

빨래

젖은 너를 펼쳐서 따뜻한 햇살에 말리고 싶어
우울한 날엔
그렇게 해야 내 맘이 뽀송해질 것 같아

구름 꿈

고층 아파트의 현란한 불빛을 추종하며
저런 집에서 꼭 한 번만이라도 살고 싶다는 바람
그 바람이 꿈만 꾸다가 바람이 되고 말았다

작은 틈새로 스며드는 불빛을 보며 애써 가난을 의식하지 말자고 마음
을 둥글게 말던 일 험한 비탈길을 오르내려도 안식처가 있어서 감사한
마음으로 살았다, 그런데 난데없이 집들이 곧 헐리게 될 거라는 비보

힘없고 가진 것 없는 자들의 기도는 검은 봉지에 둘둘 말려
어디론가 또 미래 없는 길을 떠돌 신세가 되었다

'재개발도 밑천이 있어야지…….'
사람들의 한숨 섞인 넋두리
가난은 일어설 기력조차 없고 특권이나 되는지 여전히 항거하지 못한
채 침묵하고 서 있다

기도의 응답이 아직 도착하지 않았다고 스스로를 위로하다가
마음 한 자락 베인 것만 같아
내 눈길 여전히 떠나지 못하고 뜬구름 주변만 돈다

실연

심장이 탕탕탕
걸음은 멈칫멈칫
비틀거리는 오후
마음이 터어엉

멍 자국을 보일 수 없어 더 슬픈

쓱

봄날은 오는데 내 꽃밭은 시들새들
여전히 목마르다
허기를 면하게 한
너와의 짧은 입맞춤

쓱, 훔쳐 오고픈

안부

구부정한 해가 산등성에 걸릴 때
구속이란 이름 안으로 되돌아오는 풍경 소리
빈 어망엔 식물성 안부만 가득하다

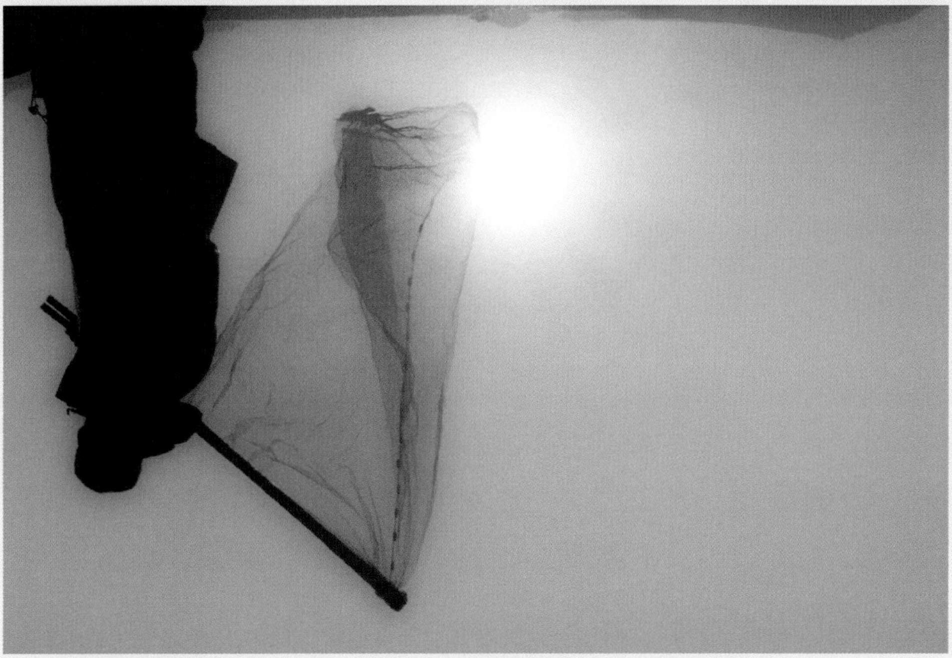

방榜과 방房

솟구치는 집값은 숨을 오래 참았을 때처럼 시퍼런 피가 돈다
공인중개사 손이 컴퓨터 자판에서 나를 훑고 행간을 좁혀 가며 내 얼굴에 붙은 방榜으로 들어온다
철 따라 뛰는 집값, 또 하나의 날 선 무늬 되어 긴장하게 한다
가득 고여 있던 침을 꾸역, 꾸역 넘겨 본다
모니터 너머로 닿을락 말락 하는 사내와 내 입술, 그는 내 흑백사진을 쓱 훑고는 사정을 다 아는 양, 애써 침묵하고 있는 항아리만 쓱쓱 문지른다

남자는 선글라스 낀 내 눈을 유심히 살핀다. 발가벗긴 듯 화끈거리는 내 가면 이럴 땐 밀려들 미분양 쓰나미가 그립다 해야 하나 파리 날리던 13번 부동산엔 재개발 망초꽃이 활짝 폈다

"나는 네가 필요하고 너는 내가 필요한데 왜 우리는 만나지 못하지!"
지하철에서 만난 방榜이 집까지 따라와 울컥하게 한다
서로가 필요로 하는데 만나지 못하는 강의 남쪽에 있는 방房들, 여전히 뛰어넘을 수 없다 낯설어서 낯설지 않을 때마다 나는 작은 이가 된다

외면

너를 보면 흔들릴 것 같아
아무렇지 않은 듯 먼 곳을 바라본다
온몸을 찌르는 가시

위험한 거래

사랑할 땐 옆집까지 불 지르며 꽃을 피우고
흔들릴 땐 서로 다른 언어로 벌집을 만들지

무너지고 버티고 해마다
반복되는 봄 감기

그래도 해약할 수 없어서 위험한 거래는
한사코, 또다시 시작되고

장미

장미는 검은 땅에 발을 딛고도
내 보호벽이 되고 싶어서
스스로 가시를 움켜쥔다
평생 끊을 수 없는 인연의 고리

지하철 읽기

지하철은 언제나 그렇듯이 사람들로 붐빕니다
한 노인이 이리저리 살피다
분홍색 임산부 의자에 몸을 기댑니다

눈동자들 노인 주변에 모여들었다가 흩어집니다
노인은 시선을 애써 외면하며 무릎을 툭툭 칩니다

임산부는 오래 서 있어서 거꾸로 자라는 탯줄을
달래듯 쓰다듬습니다. 그리고 미소도 잃지 않습니다
임산부의 따뜻한 마음이 노인의 불편한 무릎을 다독입니다

탁발

가는 허리띠 겹겹 푸는 손길들
스님들 맨발 붉게 물들인다

선善의 경계선에서
꼼지락거리는 마음 한 자락

어둡고 긴 터널에서
유기되었던 손 겨우 되찾아

공손히 보시하는

틈

창문 틈 어귀에서
제 한 몸 살아 보겠다고, 있는 힘을 다했을
이름 모를 들꽃

나도 한때는 양지를 찾아 헤매었던 적이 있었지
저 가녀린 풀이 내 삶의 족적 같아 동지애가 느껴진다

삶은 언제나 살려고 바동거리면 파고들 틈이 보이지!

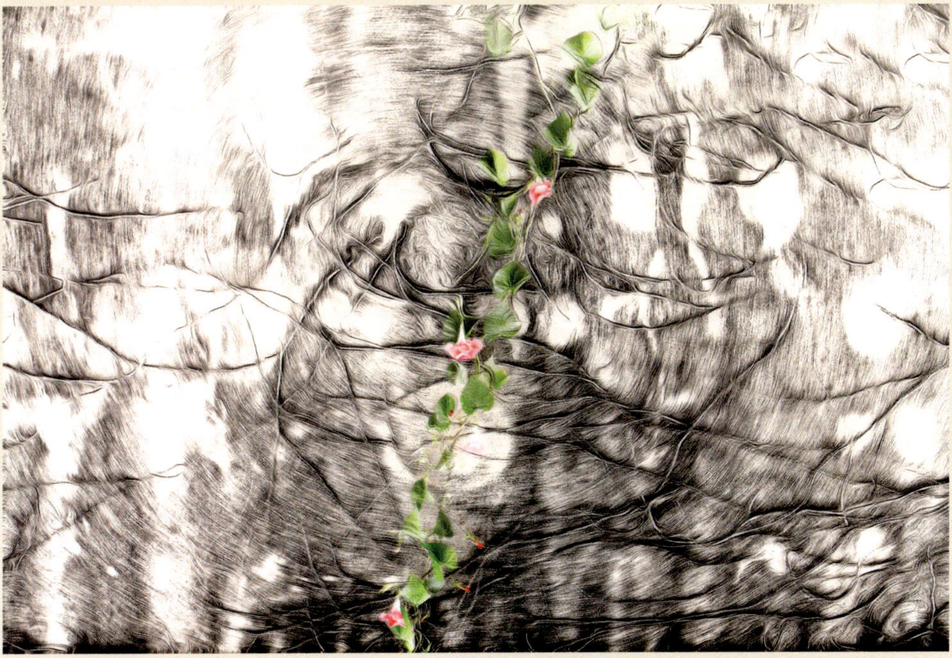

기도

신의 옷자락 붙들고 매달리며 기도했다

너무 외로우니 마음 나눌 친구 한 사람 보내 달라고

그랬더니 강아지를 보내 주셨다

그리고…….

"네 은혜가 족하다"라고 했다

난 바울의 가시를 잊고 있었다

4부

괜찮아

아버지의 서사

낡은 책 한 장 한 장 넘기면
시 쓰느라 덜컥덜컥, 잠들지 못하던 아버지의 밤

다른 자식보다 아버지 가슴을
더 많이 분양받은 나

비단으로 손수 수의를 만들고
책 목 언저리를 쓰다듬던 아버진 늘
하얀 달을 눈에 넣고 계셨지

낡은 책이 파쇄기에 잘려 나갈 때마다
아버지 임종을 보는 것 같았다

아버지 마음 크기만 한 시집 한 채 지어 놓고
마지막 행간에 붉은 등 하나
달아 놓았다

괜찮아

괜찮지 않은데 '괜찮아'라고 습관이 돼 버린 말
속뜻은 '괜찮지 않아'인데
왜 눈치를 봐야 하는지

힘들 때 "괜찮아?"라고 말해 주는 사람보다
크게 잘못한 것처럼 꾸짖는 사람들이 많아서 숨어 버린 말
그래서 괜찮지 않은데도 "괜찮아"라고 해야 했던 말
그럴 땐 당당하게 "괜찮아"가 아니고 "힘들어"라고 해야 하는 말

속마음은 괜찮지 않은데 왜 괜찮다고 해야 하는지 이젠 알 것 같다
이 말은 상대방을 배려해서 나온 말이라는 걸

"괜찮아?"라고 물을 땐, "응, 괜찮아" 또는 "힘들어"라고 말할 용기를
내 볼까?

귤

붙어 있으면 곪아 터져
적당한 거리 두기

그리운 무게만큼
전염이 빨라지는

어쩌면 사랑하는 것은
목숨 거는 일이야

넌 도대체 누규?

위로가 절실히 받고 싶을 때, 내 옆에 있어도 없는 너
살면서 울고 싶을 때가 많았지!
그럴 땐 벽이 슬며시 어깨를 빌려주었어
금방 죽을 것 같았을 때도, 내 옆엔 있어도 없던 사람
응급차가 너의 가슴보다 따뜻하다는 걸 그때 알았지

내 옆에 있는 넌 도대체 누규?

미움

불현듯
내 심장을 베고도 모자라서
남의 심장까지 상해를 입히려고 시퍼렇게 날 세우는 혀

다른 사람을 미워하다 상처가 덧나서 더 크게 아픈 내 마음
이것이 더 미워지는

삶의 궤적

평생 누군가를 태우고 힘차게 달렸을 빨간 자전거
지금은 생의 끈을 놓고 싸늘하게 식어 버린 심장
바람 빠진 타이어에서 상흔만이 슬픔으로 남아서 돌고 있다

인연

번듯한 외모보다는 청국장 냄새가 나더라도 진실한 사람이 좋다
막걸리처럼 텁텁해도 온기를 가진 사람이면 오래도록 만나고 싶다
작은 허물도 크게 덮어 주고, 마음을 터놓아도
흉이 되지 않는 사람을 만나면 엄마 품처럼 푸근해진다
어쩌다 내 인생에 행운같이 찾아온 사람은 오래 머물지 못하고
멀리 이사를 하거나 마음이 떠나 버려서 슬프다
그래서 행운은 지나가는 구름이라고 했나 보다

짝지

가진 것이 없어도, 맨발로 땅을 디디고 살아도,
짝지와 함께하는 것이 기쁨입니다

거울이 없어서 내 모습 알 길 없어도
거울이 되어 주는 짝지가 있어서 나를 볼 수 있습니다

우리 둘 사이를 지탱하게 하는 힘은 돈이 아니고, 집이 아니고, 신발도
아닌 서로가 아껴 주는 따뜻한 마음이랍니다

힘들거나 아플 때는 달려와 주고, 언제든지 속마음을 터놓고
얘기할 수 있는 짝지가 있다는 것이 내 삶의 자랑입니다

우리는 아직 소유가 무엇인지 모릅니다
알몸을 가릴 수 있는 낡은 옷 한 벌이라도 감사히 여기고,
몸이 건강한 것을 축복으로 여깁니다

그러니 가진 게 없어도 부럽지 않고, 욕심 부릴 이유가 없습니다
모든 것은 마음먹기에 달린 것 같습니다
마음 그릇에 담긴 예쁜 짝지 얼굴과 둥근 마음, 그거 하나면 족합니다

편

둘인 듯 하나인 듯, 겹쳤다 사라지는 시간 속에서
둘이 있어도 결국은 혼자라는 사실을 문득 깨달을 때, 느껴지는 공허함
그는 내 편인가, 남의 편인가
"내 편이 있다"라는 말을 들을 때 울컥하며 올라오는 그 무엇

불안

광기 어린 죽음이 매일 찾아와서 보호막 없는 맨살을 물어뜯는다
영혼은죽음의거리를헤매고, 불안은통째로육체를삼키려고, 기회를엿본다
좌절과 희망 사이에서
다른 몸으로 태어나고 싶은 꿈, 간절하다
그와 나의 끝날 것 같지 않은 숨바꼭질, 현재진행형이다

나를 지배하는 불안의 끝은 어디일까

5부

역易

천리향

5월은 이별하기 좋은 달인가요?
시간의 조각들이 별이 되어 떠다닙니다
그제도 어제도 이별 소식, 하나둘씩 떨어지는 꽃잎들
낯선 곳에서 겨우 틈바구니 비집고 마음을 잡았는데
마지막까지 지탱하고 있던 다리에 힘이 빠집니다
당신이라는 버팀목이 있어서 든든했는데
이젠 무엇으로 위안을 받을지 마음이 무너져 내립니다
이별도 우연이라면 얼마나 좋을까요?
'시절 인연'이라는 단어로 고별사를 대신한 당신
바짝 말라 버린 당신 온기를 이별 봉투에 넣어서 떠나보냅니다
당신이 남은 자리엔 아직도 천 리를 간다는 미향만이 코끝에 머뭅니다

로또

안 될 줄 알면서도 우연함에 영혼을 판다
오천 원으로 열 자리가 넘는 숫자의 꿈을 사고,
그 기대분으로 행복감에 젖는다
꿈꾸는 동안은 슬픔이나 고통이 희석된다
설령, 되지 않는다 해도 심장 뛰는 하루하루가 있었으므로 감사할 뿐이다
'로또'는 작은 돈으로 일주일분의 행복을 저축하는 셈이다
그래서 오늘도 설레는 가슴으로 로또를 산다

역易

커피잔 속으로 '카톡, 카톡'
톡톡 번져 가는 물감을 보며 '하루'라는 수채화를 그립니다

카페에서 감성을 로그인하고
커피 향을 낯설지 않은 그대에게 선물처럼 보냅니다

얽히고설킨 주름진 기억은 과감히 딜리트, 새로고침을 하고
무채색으로 마무리되려는 일상을 로그아웃합니다
삶이란 화수미제에
시럽 한 스푼 넣고 달달한 카페라테로 답을 대신하려 합니다

철새 정류장에서

지친 하루를 업고 집으로 돌아가는 길
시간은 고개를 푹 숙인 채 느리게 흐르고
하늘은 금방 비라도 쏟아부을 듯하다
우울함을 한 스푼 더하는 저녁, 바람마저 차갑다
간간이 들리는 자동차 소음이 오늘을 살아 낸 철새들의 이야기 같아
자꾸만 귀 기울이게 된다
겨울이 오면 몸을 싣고, 또 다른 삶의 터전으로 이동하는 철새들
그렇게 삶은 되풀이되고…….

고독

너는 도롯가에 서 있는 공사장 마네킹
가까이 오면 화상을 입는다고 쉴 새 없이 팔을 내젓는다
어둠이 내려도 집으로 돌아오지 못하는 네가 안쓰럽다

텅 빈 집에 홀로 있을 땐 네가 가끔 그립다
그럴 땐 조율사에게 내 기억을 맡긴다
네가 없어서 밤새 신열이 나고 함께했던 순간들이 그리움으로 차오른다

네가 있어서 살아 있다는 걸 느낄 때가 많다
때론 네가 나를 지탱해 주는 벽 같기도 해서 그리워지는 것일까?

얼레지에게 경배를

찬연해서 더 슬픈 당신의 봄
찬연해서 더 슬퍼 보이는 가녀린 목
보랏빛이어서 더 슬픈 얼레지
이른 봄, 돌 틈 사이에 쪼그리고 있어서 더 연민이 가는
가장 낮은 곳에 있어도 부끄럽지 않은 꽃이라서
가장 낮은 자리에 있어서 경배받는 당신

당신과 짧은 조응을 뒤로 하고
차마 돌아설 수 없어서 자꾸만 눈길이 멎는

봉선화

그 사람의 영혼을 심장에 넣고 사는 내내 온몸이 화끈거렸다
모습만 떠올려도 숨이 막혔다
봄바람도 따스해서 꽃을 피우기에 좋은 날씨였다

그의 가슴은 아직 겨울인데
내 마음만 괜스레 부풀어 올랐다
아마도 봄바람 때문인가 보다

그 사람 손톱 한편에 세 들어 살면서 빨간 꽃으로 물들고 싶었다
봄바람은 늘 그의 곁에 서 있었다
그는 야속하게도 봄바람의 마음을 눈치채지 못하는 듯했다

조그만 점이라도 그에게 이유가 되고 싶은데
다가서다 되돌아오는 게 전부였다

카르마로 묶어 나의 영혼을 속박당하고 싶었다
차라리 속박이 행복할 것 같았다

가을이 오기 전에 여섯 점으로 마지막 인사를 하는 일은 절대 없을 거라고 자신을 위로했다
…….